Gesamtkurs
Latein

Ausgabe **B** und **C**

Prüfungen 2

C.C. BUCHNER

Campus

Gesamtkurs Latein. Ausgabe B / C

Herausgegeben von Christian Zitzl (Freyung), Clement Utz (Regensburg), Andrea Kammerer (Neutraubling) und Reinhard Heydenreich (Fürth).

Prüfungen 2 wurde bearbeitet von Birgit Korda (Freising).

1. Aufl. 1 6 5 4 3 2 2014 13 12 11
Die letzte Zahl bedeutet das Jahr dieses Drucks.
Alle Drucke dieser Auflage sind, weil unverändert, nebeneinander benutzbar.

© C.C. Buchners Verlag 2010
Das Werk und seine Teile sind urheberrechtlich geschützt. Jede Nutzung in anderen als den gesetzlich zugelassenen Fällen bedarf der vorherigen schriftlichen Einwilligung des Verlages. Das gilt insbesondere auch für Vervielfältigungen, Übersetzungen und Mikroverfilmungen. Hinweis zu § 52 a UrhG: Weder das Werk noch seine Teile dürfen ohne eine solche Einwilligung eingescannt und in ein Netzwerk eingestellt werden. Dies gilt auch für Intranets von Schulen und sonstigen Bildungseinrichtungen.

www.ccbuchner.de

Lektorat: Bernd Weber
Satz und Gestaltung: creo Druck & Medienservice GmbH, Bamberg / Ines Müller, Bamberg
Druck und Bindung: creo Druck & Medienservice GmbH, Bamberg

ISBN 978-3-7661-**7912**-8

VORWORT

Vor den Preis – das heißt in der Schule bestmögliche Noten – haben die Götter den Fleiß gesetzt. Also solltest du rechtzeitig vor einer Klassenarbeit mit der Wiederholung des Wortschatzes und des Grammatikstoffes beginnen und diesen dann zielgerichtet einüben.

Um dies möglichst effektiv zu tun, kann dir dieses Heft nützliche Dienste leisten. Denn die darin versammelten Prüfungsaufgaben bieten dir vielfältige Übungsmöglichkeiten, um deine Grammatik- und Wortschatzkenntnisse zu überprüfen.

Vierzehn Prüfungsarbeiten sind wie zweigeteilte Klassenarbeiten aufgebaut und bestehen aus einem lateinisch-deutschen Übersetzungsteil und einem Aufgabenteil, bei dem du sowohl deine Sprachkenntnisse als auch dein Sachwissen unter Beweis stellen kannst. Elf Prüfungsarbeiten bestehen aus einem reinen Übersetzungstext.

Beachte dabei, dass die Texte zum Teil „Überlänge" haben, also länger als eine normale Klassenarbeit sind. Aber zu Übungszwecken darf es manchmal ruhig ein bisschen mehr sein – dann brauchst du bei kürzeren Texten keine Angst zu haben, dass dich die Konzentration verlässt.

Welche Lektion du zur Bearbeitung der Prüfungsarbeiten mindestens erreicht haben musst, ist jeweils unten auf der Seite angegeben. Da die Prüfungen gezielt Wortschatz und Grammatik der in der Fußzeile genannten Lektion bzw. der beiden vor ihr liegenden Lektionen überprüfen, wirst du im Grammatik- und Wortschatzteil des Lehrbuches zu diesen Lektionen genau das finden, was dir fehlt.

Ein Hinweis noch: Der dem Heft beigegebene Lösungsteil soll dir oder deinen Eltern als Korrekturhilfe, nicht als Vorlage zum Abschreiben dienen. Nur so kann dir nämlich die Arbeit mit diesem Heft helfen, dich auf deine Klassenarbeiten bestmöglich vorzubereiten. Denn das dafür nötige Glück, hat auf Dauer nur der / die Tüchtige.

Mögen es in diesem Sinne die Götter gut für dich wenden!

INHALT

1 **Aufstand gegen Tarquinius**   **6**
Reine Übersetzung · Ausgabe B: nach L 45 · Ausgabe C: nach L 42

2 **Menschenfreund**   **8**
Zweigeteilt · Ausgabe B: nach L 49 · Ausgabe C: nach L 46

3 **Menschenfeind**   **10**
Zweigeteilt · Ausgabe B: nach L 51 · Ausgabe C: nach L 47

4 **Essen bei den Römern**   **12**
Zweigeteilt · Ausgabe B: nach L 52 · Ausgabe C: nach L 48

5 **Mord in der Kleinstadt**   **14**
Zweigeteilt · Ausgabe B: nach L 53 · Ausgabe C: nach L 49

6 **Gladiatorenkämpfe**   **16**
Reine Übersetzung · Ausgabe B: nach L 57 · Ausgabe C: nach L 52

7 **Großes Versprechen**   **17**
Reine Übersetzung · Ausgabe B: nach L 59 · Ausgabe C: nach L 54

8 **Wie man im Altertum die Herkunft der Etrusker erklärte**   **18**
Zweigeteilt · Ausgabe B: nach L 60 · Ausgabe C: nach L 55

9 **Amors Rache**   **20**
Zweigeteilt · Ausgabe B: nach L 62 · Ausgabe C: nach L 56

10 **Die Verwandlung der Daphne**   **22**
Reine Übersetzung · Ausgabe B: nach L 62 · Ausgabe C: nach L 56

11 **Der Raub der Proserpina**   **23**
Reine Übersetzung · Ausgabe B: nach L 63 · Ausgabe C: nach L 57

12 **Phaethons verhängnisvoller Wunsch**   **24**
Reine Übersetzung · Ausgabe B: nach L 63 · Ausgabe C: –

13 Die Rache der Ceres 26

Zweigeteilt · Ausgabe B: nach L 64 · Ausgabe C: nach L 58

14 Die Rückkehr der Proserpina 28

Zweigeteilt · Ausgabe B: nach L 65 · Ausgabe C: nach L 59

15 Wasser ist für alle da 30

Zweigeteilt · Ausgabe B: nach L 66 · Ausgabe C: nach L 60

16 Die Verwandlung der lykischen Bauern 32

Reine Übersetzung · Ausgabe B: nach L 66 · Ausgabe C: nach L 60

17 Narziss und Echo 33

Reine Übersetzung · Ausgabe B: nach L 67 · Ausgabe C: nach L 61

18 Regulus, ein wahrer Römer 34

Zweigeteilt · Ausgabe B: nach L 70 · Ausgabe C: nach L 64

19 Letzter Versuch 36

Zweigeteilt · Ausgabe B: nach L 71 · Ausgabe C: –

20 Philemon und Baucis 38

Reine Übersetzung · Ausgabe B: nach L 71 · Ausgabe C: –

21 Brief an Kaiser Trajan 39

Reine Übersetzung · Ausgabe B: nach L 74 · Ausgabe C: nach L 67

22 Kaiser Vespasian 40

Zweigeteilt · Ausgabe B: nach L 74 · Ausgabe C: nach L 67

23 Kaiser Nero 42

Zweigeteilt · Ausgabe B: nach L 75 · Ausgabe C: –

24 Sieg auf der ganzen Linie 44

Zweigeteilt · Ausgabe B: nach L 79 · Ausgabe C: nach L 70

25 Mit oder gegen Rom? 46

Reine Übersetzung · Ausgabe B: nach L 82 · Ausgabe C: nach L 73

1 PRÜFUNGEN

Aufstand gegen Tarquinius

1. Tandem dies, quem Romani multos annos exspectaverant, adfuit.
2. Comites Bruti ante tectum eius exspectabant.
3. Unus e comitibus dixit: „Tarquinius rex malus est.
4. Numquam nos curat, numquam gemitum nostrum audit,
   semper vultu superbo per urbem it.
5. Sed de salute non desperamus.
6. Constat enim Brutum non stultum esse, sed ingenium acre habere.
7. Si talis rex nobis erit, laeti beatique erimus."
8. Dum id dicit, Brutus e tecto exiit et ad comites contendit.
9. Paulo post media in turba magna voce vocavit:
10. „Pleni spei este, amici! Dies perniciei regis adest.
11. Res futurae nostrae beatae erunt,
    si regem, qui multas res turpes fecit, pepulerimus.
12. Res secundae in manibus vestris erunt.
13. Itaque adeste mihi, adeste rei publicae, adeste patri Lucretiae!"

6   Reine Übersetzung · 113 lat. Wörter   Ausgabe B: nach L 45 · Ausgabe C: nach L 42

Giuseppe Zocchi: Brutus und Collatinus schwören Rache.
18. Jh. Florenz, Palazzo Rinuccini.

2 PRÜFUNGEN

A Menschenfreund

Der Sklave Zosimus berichtet Folgendes von seinem Herrn:

1. „Dominus meus non solum felix atque dives, sed etiam bonus erat.

2. Postquam Vesuvius mons villas amicorum delevit,

   ego saepe ad eum vocabar.

3. Tum dominus haec fere[1] dixit: ‚Sors amicorum me perterret.

4. Antea divites erant, nunc pauperes sunt.

5. Non sinam illos ne cibos quidem habere.'

6. Oportet non tantum panem[2], olivas (!), caseum[3], sed etiam vina vetera,

   quibus amici delectantur, parari et ad illos portari.

7. Tu, Zosime, servus diligens es. Itaque a me ad forum mitteris.

8. Postquam haec dixit, numquam cessavi:

9. Ad forum cucurri, copiam ingentem ciborum et vini paravi.

10. Haec omnia paulo post ab aliis servis, quos arcessiveram,

    ad amicos infelices domini portabantur.“

[1] ferē *Adv.*
ungefähr

[2] pānis, is *m*
Brot

[3] cāseus
Käse

Zweigeteilt · 101 lat. Wörter + 18 BE   Ausgabe B: nach L 49 · Ausgabe C: nach L 46

PRÜFUNGEN 2

Zusätzliche Aufgaben

B

1. Bilde die entsprechenden Formen von hic, haec, hoc: (3 BE)
   a) illorum virorum
   b) illi puero
   c) illa templa

2. Passe jeweils das Adjektiv an die Form des Substantivs an: (4 BE)
   a) templa (vetus)
   b) puero (diligens)
   c) feminam (felix)
   d) dominis (sapiens)

3. Gib die jeweils treffende deutsche Bedeutung der farbig gedruckten Wörter an: (4 BE)
   a) Post pugnam manus militis doluit.
   b) Milites gaudent, quia manum hostium vicerunt.
   c) Auctor multos homines fabulis pulchris delectabat.
   d) Romani putabant auctorem urbis Romae Romulum fuisse.

4. Bilde die entsprechenden Formen im Imperfekt: (4 BE)
   a) teguntur   c) ducimur
   b) moneor   d) laudaris

5. Was bezeichnen die folgenden Begriffe? (3 BE)
   a) caldarium
   b) venatio
   c) naumachia

Zweigeteilt · 101 lat. Wörter + 18 BE   Ausgabe B: nach L 49 · Ausgabe C: nach L 46

3 PRÜFUNGEN

A Menschenfeind

Dass römische Herren nicht immer zimperlich mit ihren Sklaven umgingen,
zeigt der folgende Text. Ein Verwalter erzählt:

1. „Dominus meus libenter vinum bibit.

2. Itaque ipse[1] vineas, quas servi in Campania curabant,

   adibat et vina nova probabat.

3. Tum ea vina, quae praemio digna erant, deligebat.

4. Sed labor servorum ab illo non laudabatur.

5. Immo[2] cum dominus nonnullis vinis novis non delectabatur,

   hoc tamquam scelus servis obiciebat et miseris instabat.

6. Constat infelices tum vulnera mala in corpore accepisse.

7. Nunc autem servi a metu ingenti liberi sunt,

   quia dominus negotiis variis in urbe tenetur

   et vina nova a me probantur et deliguntur.“

[1] ipse
hier: persönlich

[2] immō *Adv.*
im Gegenteil

10   Zweigeteilt · 80 lat. Wörter + 18 BE   Ausgabe B: nach L 51 · Ausgabe C: nach L 47

PRÜFUNGEN 3

Zusätzliche Aufgaben

B

1. Füge zu den Substantiven jeweils die entsprechende Form von hic, haec, hoc hinzu: (5 BE)
   a) tela
   b) conspectui
   c) librum
   d) sors
   e) nomine

2. Setze die Adjektive jeweils in der richtigen Form zum Substantiv: (4 BE)
   a) dominis (felix)
   b) feminam (dives)
   c) aedificium (vetus)
   d) virorum (pauper)

3. Unterstreiche alle Genitivformen: (3 BE)
   impetus - vicis - teli - umerus - thermas - sortis

4. Bilde jeweils die entsprechende Pluralform: (3 BE)
   a) sollicitaris
   b) obicitur
   c) tegor

5. Ergänze: (3 BE)
   a) Das [?] war ein berühmtes Amphitheater in Rom.
   b) Um Wagenrennen austragen zu können, wurde in Rom zwischen dem Aventin und Palatin als Rennbahn der [?] angelegt.
   c) Eine in einem künstlich angelegten Becken stattfindende Seeschlacht wurde [?] genannt.

Etruskischer Wagenlenker. Wandmalerei aus der Tomba del Colle in Chiusi. 6. Jh. v. Chr.

Zweigeteilt · 80 lat. Wörter + 18 BE   Ausgabe B: nach L 51 · Ausgabe C: nach L 47

4 PRÜFUNGEN

A   Essen bei den Römern

Ein alter Sklave erklärt einem Neuling, welche Pflichten im Landhaus zu erledigen sind,
wenn der Herr Gäste zum Abendessen empfängt:

1. „Dum dominus thermis delectatur, cena a nobis paratur.

2. Ubi[1] dominus cum eis, quos ad cenam vocavit, domum intraverit,

    a parte servorum salutabitur.

3. Dum haec geruntur, ab alia parte servorum mensae cibis complebuntur.

    Tum cena incipiet.

4. Dum omnes cenant bibuntque, primo carmina auctorum praeclarorum

    recitabuntur[2]; deinde servae arcessentur, quae saltabunt[3] et cantabunt.

5. Si illae neque saltaverint neque cantaverint bene,

    a domino reprehendentur; denique omnibus parva dona tribuentur.

6. Reliquiae ciborum postea a nobis cenabuntur.“

[1] ubi
   hier: sobald

[2] recitāre
   vorlesen, vortragen

[3] saltāre
   tanzen

Zweigeteilt · 72 lat. Wörter + 18 BE   Ausgabe B: nach L 52 · Ausgabe C: nach L 48

Zusätzliche Aufgaben

1. Erkläre die folgenden Fremdwörter. Gib dabei jeweils das lateinische Ursprungswort an, das diesen Fremdwörtern zugrunde liegt, z. B.: lädiert ~ verletzt (laedere): (3 BE)
   a) eine konträre Meinung
   b) eine kriminelle Person
   c) eine negative Antwort

2. Bilde lateinische Gegensatzpaare, z. B. bonus – malus: (4 BE)
   a) pauper   c) stultus
   b) felix   d) novus

3. Welches Wort ist ein Irrläufer und gehört nicht in die Reihe? (3 BE)
   a) turbare - excitare - tegere - sollicitare
   b) hoc - hos - hanc - huic
   c) genus - vultus - tempus - vulnus

4. Bilde jeweils die entsprechende Passivform: (3 BE)
   a) laedam
   b) excitabatis
   c) tegis

5. Bilde die jeweils angegebene Form: (2 BE)
   a) cantare (3. Pers. Sg. Fut. I Pass.)
   b) sinere (3. Pers. Pl. Präs. Pass.)

6. Erkläre kurz, was die Römer unter den folgenden Begriffen verstanden: (3 BE)
   a) haruspex
   b) augur
   c) sacerdos

**Korb mit frischen Feigen.
Wandmalerei aus der Villa di Poppea in Oplontis.
1. Jh. n. Chr.**

5 PRÜFUNGEN

A Mord in der Kleinstadt

Zwei Boten (A und B) kommen nach Rom und melden dem Polizeichef (C) einen schlimmen Vorfall:

1. **A**: „In oppido nostro ingens scelus accidit.

2. Nocte fures dominum divitem occiderunt et pecuniam eius rapuerunt."

3. **B**: „Homines dicunt se numquam crimen tam crudele vidisse."

4. **A**: „Sacerdotes auxilium deorum precibus petiverunt sacrumque fecerunt,
   quia res adversas et perniciem oppidi timebant."

5. **B**: „Constat servos corpus viri prima luce post domum invenisse.

6. Servi contendunt se non solum quattuor vulnera in capite, sed etiam
   septem vulnera in pectore vidisse.

7. Narrant flagitium omnes perterruisse.

8. Familia infelix iterum atque iterum confirmavit se dominum bonum amisisse."

9. **C**: „Quis autem hoc crimen malum fecit? Quot scelerati fuerunt?

10. Duo, tres, quinque? Potueruntne capi?"

11. **A**: „Illi trans[1] moenia ad oram fugerunt."

[1] trāns *Präp. m. Akk.*
über

Zweigeteilt · 96 lat. Wörter + 18 BE   Ausgabe B: nach L 53 · Ausgabe C: nach L 49

PRÜFUNGEN 5

Zusätzliche Aufgaben

B

1. Erkläre die folgenden Fremdwörter. Gib dabei jeweils das lateinische Ursprungswort an, das diesen Fremdwörtern zugrunde liegt, z. B.: Autor ~ Verfasser (auctor): (3 BE)
   a) Nummer
   b) Domizil
   c) Pedal

2. Ersetze die folgenden Substantive durch die jeweils entsprechende Form von animal: (4 BE)
   a) libro
   b) auctores
   c) fabularum
   d) memoriam

3. Ordne richtig zu: (5 BE)
   1. vetus 2. crimen 3. illius 4. laeditur
   5. animalia

   A) Passiv B) Genitiv C) Neutrum D) Plural
   E) Adjektiv

4. Nenne die drei Herrschaftsabzeichen, die die Römer von den Etruskern übernommen haben.
   (3 BE)

5. Setze die Substantive in der passenden Form so ein, dass ein sinnvoller Satz entsteht: (3 BE)
   navis, turris, mare

   De [?] miles [?] altum videt.
   Ibi multas [?] aspicit.

Kopf eines etruskischen Jungen.
Bronze. 3. Jh. v. Chr. Florenz, Museo Archeologico.

Zweigeteilt · 96 lat. Wörter + 18 BE   Ausgabe B: nach L 53 · Ausgabe C: nach L 49   15

6 PRÜFUNGEN

Gladiatorenkämpfe

Ein römischer Philosoph kritisiert das Mittagsprogramm im Kolosseum:

1. Iam novi gladiatores a turba exspectabantur. Erant viginti scelerati,

   quos iudices criminis damnaverant.

2. Dum armati arenam intrant, totum amphitheatrum ingenti clamore populi,

   qui mortem certam eorum exspectabat, completum est.

3. Paulo post magno horrore[1] captus sum,

   cum animum crudelem populi animadverti.

4. Quamquam a me quoque sceleratorum mors probatur,

   tamen laetitiam hominum, quam conspectus caedis[2] crudelis efficit[3], reprehendo.

5. Nam scio pugnas gladiatorum apud veteres inventas esse,

   quia existimabant mortuos sanguine hominis delectari.

6. Apud nos autem vidi homines interfectos esse, quod oculi eorum,

   qui vivunt, morte crudeli tantum delectantur. O tempora, o mores!

[1] horror, ōris *m*
Entsetzen

[2] caedēs, caedis *f*
Blutbad

[3] efficere, efficiō
hervorrufen,
bewirken

Reine Übersetzung · 90 lat. Wörter   Ausgabe B: nach L 57 · Ausgabe C: nach L 52

PRÜFUNGEN 7

Großes Versprechen

1. Temporibus antiquis cives Lydiae[1] magna calamitate torquebantur.

2. Causa calamitatis haec fuit: Quia media aestate fontes fluviique

   aqua carebant, frumentum, quod in agris erat, sole delebatur.

3. Populus hac sorte gravi sollicitatus erat et patriam relinquere in animo habuit.

4. Existimabat enim deos ira acri esse.

5. Itaque consilium Tyrrheni[2], qui patriam novam quaerere constituerat, probavit.

6. Nam filius regis, qui non solum magnae virtutis,

   sed etiam magno ingenio erat, civibus dixerat:

7. „Este bono animo, cives! Si mecum patriam reliqueritis,

   perniciem quoque relinquetis.

8. Non quiescam[3], dum a me agri boni inventi erunt.

9. Ibi urbs praeclara a nobis condetur.

10. Ibi moenia, tecta, turres ingenti magnitudine aedificabuntur.

11. Tum tristes non iam eritis."

[1] Lȳdia
   Lydien (Landschaft in der heutigen Türkei)
[2] Tyrrhēnus
   Tyrrhenus (Sohn des lydischen Königs Atys)
[3] quiēscere, quiēscō
   ruhen

Reine Übersetzung · 105 lat. Wörter Ausgabe B: nach L 59 · Ausgabe C: nach L 54

8 PRÜFUNGEN

A Wie man im Altertum die Herkunft der Etrusker erklärte

In alten Zeiten wurde das Volk der Lyder von einer schweren Dürre heimgesucht. Daraufhin beschloss ein Teil der Bürger mit dem Königssohn Tyrrhenus auszuwandern und eine neue Heimat zu suchen.

1. Iam naves quattuor aedificatae erant, iam portus turba ingenti

   completus erat, iam Tyrrhenus cum comitibus fortibus patriam reliquerat.

2. Nunc omnes ventis secundis per mare portati bono animo erant.

3. Sperabant enim res futuras bonas – neque spes eos fefellit[1].

4. Comites a Tyrrheno duce ad Italiam adducti latos campos invenerunt,

   quos nemo habitabat.

5. Postea novae nationi nomen a[2] nomine ducis datum est.

6. Sic ei, qui Lydi vocabantur, priusquam in Italiam venerunt,

   nunc Tyrrheni vocantur.

Das Volk der Tyrrhener wurde später Tusker oder Etrusker genannt.

[1] fallere, fallō, fefellī
täuschen, betrügen
[2] ā *hier:* nach

Zweigeteilt · 71 lat. Wörter + 18 BE Ausgabe B: nach L 60 · Ausgabe C: nach L 55

PRÜFUNGEN 8

B

Zusätzliche Aufgaben

1. Bilde zu den folgenden Verbformen die entsprechende Perfektform: (4 BE)
a) ducimus
b) ridemini
c) moneris
d) damnatur

2. Setze die folgenden Verben in der richtigen Form des Perfekt Passiv ein: (4 BE)
trahere - dare - monere - capere

a) Fures a militibus [?].
b) Puellae a magistro [?].
c) Carrus ab equis [?].
d) Aqua equis [?].

3. Bilde den Infinitiv Präsens Aktiv zu den folgenden Partizipien: (2 BE)
a) ventum
b) missum
c) laesum
d) interfectum

4. Erkläre die folgenden Fremdwörter. Gib dabei jeweils das lateinische Ursprungswort an, das diesen Fremdwörtern zugrunde liegt, z. B.: Mutation ~ Veränderung (mutare): (2 BE)
a) Tortur
b) Tangente

5. Ordne die folgenden Zahlen nach ihrer Größe aufsteigend: (3 BE)
a) decem   b) viginti
c) octo   d) quattuor
e) septem   f) quinque

6. Ergänze den folgenden Lückentext sinnvoll: (3 BE)
Die Griechen glaubten, dass [?] die Menschen aus Lehm geschaffen habe. Er stand ihnen stets zur Seite, was [?] nicht gefiel. Eines Tages raubte der Sohn des Titanen Japetos das [?] vom Himmel, um den Menschen das Leben zu erleichtern. Zur Strafe wurde er an einen Felsen im [?] gekettet. Täglich kam ein [?], der ihm die [?] aushackte, die nachts wieder nachwuchs.

Zweigeteilt · 71 lat. Wörter + 18 BE   Ausgabe B: nach L 60 · Ausgabe C: nach L 55   19

9 PRÜFUNGEN

A Amors Rache

1. Apollo, qui se ipsum pulchrum et potentem deum ducebat,
   Amorem fratrem riserat.

2. Itaque hic ira motus in illum vindicavit.

3. Primo enim Apollinem telo, quod amorem facit, amatorem[1] virginis
   pulchrae reddidit.

4. At tum hanc virginem ipsam telo alio laesit, quod amorem repellit.

5. Paulo post Apollo hanc virginem, cui nomen Daphne[2] erat,
   aspexit, amavit, cupivit[3].

6. Magno amore summaque spe adductus Daphnem sine mora capere temptavit.

7. Daphne autem timore torta deum fugit.

8. Etsi ille dicebat se filium Iovis ipsius esse et
   ab hominibus propter sapientiam[5] coli, Daphne non constitit.

Schließlich holte Apoll Daphne aber doch ein.
Allerdings wurde sie zum Leidwesen des
Gottes in einen Lorbeerbaum verwandelt.

[1] amātor, ōris *m*
Verehrer, Liebhaber

[2] Daphnē, Daphnēs *f*
Daphne

[3] cupere, cupiō, cupīvī
begehren

[4] sapientia:
vgl. sapiēns, ntis

PRÜFUNGEN 9

Zusätzliche Aufgaben

B

1. Setze die Partizipien in der richtigen Form ein: (4 BE)

   raptus - motus - aedificatus - laudatus

   a) Pueri a matre [?] rident. b) Europa a Iove [?] clamat. c) Apollo amore [?] Daphnem adiit. d) Domum a Daedalo [?] videmus.

2. Bilde die entsprechenden Passivformen: (5 BE)
   a) constituerat b) retinueras c) adduxeramus d) fecerant e) reddideram

3. Nenne den jeweiligen Inf. Präs. Akt.: (3 BE)
   a) soluta b) relicti c) conditum d) victi e) lectus f) cultum

4. Setze in den passenden Satz in der richtigen Form ein: (3 BE)

   frater - summus deus - magnus imperator

   a) Romani Iovem [?] putabant.
   b) Romani Caesarem [?] appellaverunt.
   c) Romani Neptunum [?] Iovis dei duxerunt.

5. Grundwissen:
   Nenne drei Heldentaten des Herkules. (3 BE)

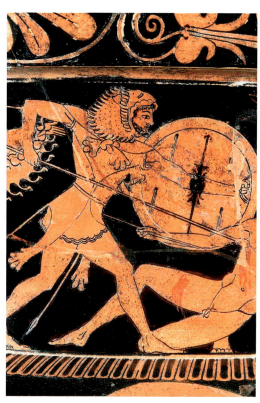

Herkules. Griechische Vasenmalerei.
Rom, Museo Etrusco di Villa Giulia.

Zweigeteilt · 86 lat. Wörter + 18 BE   Ausgabe B: nach L 62 · Ausgabe C: nach L 56   21

10 PRÜFUNGEN

Die Verwandlung der Daphne

Der Gott Apoll ist in die Nymphe Daphne verliebt und verfolgt sie. Sie jedoch will weiterhin unverheiratet ihre Freiheit genießen und flieht vor ihm ...

1. Daphne[1] Apollinem timuit. Magno metu adducta

   Apollinem fugit et pedibus celeribus per silvam cucurrit.

2. Iam deus tergum virginis tangere voluit,

   cum virgo desperavit et auxilium patris, dei potentis, petivit.

3. Vix verba filiae territae dicta erant,

   cum pater ipse magnis precibus motus eam arborem[2] reddidit.

4. Primo caput puellae, deinde umeri, tum pedes,

   denique omnes partes corporis in partes arboris mutatae sunt.

5. Apollo autem novo conspectu amatae motus,

   dum corpus et pectus puellae mutatae tangit, dixit:

6. „Etsi uxor mea esse non potes, arbor[2] eris certe mea.

7. Semper foliis[3] tuis me ipsum et duces Romanos ornabis."

Ab diesem Zeitpunkt war der Lorbeerbaum, in den sich Daphne verwandelt hatte und aus dessen Blättern Kränze geflochten wurden, dem Gott Apoll geweiht.

[1] Daphnē, Daphnēs *f*
Daphne

[2] arbor, arboris *f*
Baum

[3] folium
Blatt

Reine Übersetzung · 93 lat. Wörter   Ausgabe B: nach L 62 · Ausgabe C: nach L 56

PRÜFUNGEN 11

Der Raub der Proserpina

1. Proserpina filia Iovis et Cereris[1] fuit.
2. Ille Plutoni, fratri suo, dixerat: „Licet tibi, frater care,
   Proserpinam[2] uxorem ducere." Itaque haec accidit:
3. Dum Proserpina in silvis Siciliae flores carpit[3], terra aperta est.
4. Pluto e terra exiens Proserpinam rapuit puellamque iterum atque iterum
   matrem vocantem secum in Tartarum deduxit.
5. Ibi puella flens neque cenare neque bibere voluit. Pluto vultu tristi
   puellae commotus voluntatem eius flectere temptavit haec dicens:
6. „Omitte timorem, Proserpina.
   Neque enim serva mea, sed coniunx mea eris."
7. Ceres autem, dum haec in Tartaro aguntur, magnis curis sollicitata
   filiam quaerere coepit.
8. Nam condicionem[4] a fratribus constitutam nescivit.

[1] Cerēs, Cereris *f*
Ceres

[2] Proserpina
Proserpina

[3] flōrēs carpere
Blumen pflücken

[4] condiciō, ōnis *f*
hier: Heiratsvertrag

Reine Übersetzung · 96 lat. Wörter   Ausgabe B: nach L 63 · Ausgabe C: nach L 57

12 PRÜFUNGEN

Phaethons verhängnisvoller Wunsch

1. Phoebus[1] deus solis erat. Ei horae, dies, anni paruerunt.

2. Cottidie prima luce carrum aureum a quattuor equis tractum ascendit.

3. Eum per aerem ducens hominibus lucem praebuit mundumque observavit.

4. Filius Phoebi Phaethon[2] erat. At amici eius contenderant
   Phoebum patrem eius non esse.

5. His verbis motus patrem adiit: „Iniuria amicorum doleo.

6. In animo habeo eis demonstrare te patrem meum esse. "

7. Pater respondit: „Affirmo te filium meum esse. Ideo tibi omnia, quae vis, dabo."

8. Tum Phaethon: „Magnum desiderium me tenet.

9. Praebe mihi carrum tuum magnificum; mundo lucem dare volo!"

10. Quamquam pater timore curisque sollicitatus filium ab hoc consilio
    prohibere temptavit, tamen filius denique carrum ascendit.

11. Phaethon summa audacia caelum altum appetens carro patris primo gaudebat.

[1] Phoebus
Phöbus (der Sonnengott)
[2] Phaethōn, ontis *m*
Phaethon (Sohn des Phöbus)

PRÜFUNGEN 12

12. Mox quidem equos retinere non iam potuit.
13. Equi enim se non a domino suo duci sentientes non iam paruerunt.
14. Iam mundo pernicies immanis imminebat,
    cum pater deorum hoc animadvertens ipse fulmen in Phaethontem misit.
15. Is autem de caelo cecidit et periit.

Peter Paul Rubens:
Der Sturz des Phaethon.
17. Jh. Privatsammlung.

Reine Übersetzung · 154 lat. Wörter   Ausgabe B: nach L 63 · Ausgabe C: –

13 PRÜFUNGEN

A   Die Rache der Ceres

Ceres weiß nicht, dass ihre Tochter Proserpina von Pluto geraubt wurde. Verzweifelt macht sie sich auf die Suche nach ihr, kann sie aber nirgends finden.

1. Ceres[1] summis curis sollicitata septem dies noctesque nihil cenans,

   nihil bibens per terras erravit.

2. Tandem Hecate[2] deam desperatam convenit

   eamque ad Solem[3] deum omnia videntem duxit.

3. A Cerere interrogatus Sol narravit Proserpinam a Plutone raptam

   deo ipsi nupsisse et nunc cum eo inferis imperare.

4. Praeterea[4] Cereri aperuit hoc Plutoni a Iove concessum esse.

5. Statim Ceres magna ira mota se in templo suo condidit.

6. Nam comprehenderat illos se fefellisse.

7. Mox non solum frumentum, sed omnia ad vitam necessaria

   hominibus deerant.

---

[1] Cerēs, Cereris *f*
Ceres

[2] Hecatē, Hecatēs *f*
Hekate (Göttin der Jagd,
der Wege und der Zauberei)

[3] Sōl, Sōlis *m*
hier: Sol (der Sonnengott)

[4] praetereā *Adv.*
außerdem

Zweigeteilt · 79 lat. Wörter + 18 BE   Ausgabe B: nach L 64 · Ausgabe C: nach L 58

PRÜFUNGEN 13

Zusätzliche Aufgaben

B

1. Suche alle Partizipialformen heraus und nenne den dazugehörenden Infinitiv Präsens Aktiv: (4 BE)
tracti - vina - petentibus - ignis - modi - redeuntes - relictis - superos - ingentis

2. Setze die passende Form des PPP ein: (3 BE)
a) Europa magno timore (movere) flebat.
b) Amici cenam a servis (parare) laudabant.
c) Cives nuntios ad senatum (mittere) audiverunt.

3. Verbinde zwei Sätze sinnvoll zu einem: (6 BE)
a) Servus a magistro laudatus est.
   Servus ridet.
b) Puellam videmus.
   Puella ab amico exspectata est.
c) Liber raptus est.
   Liber denique inventus est.

4. Wähle die richtige Übersetzung aus: (2 BE)
Milites multos annos bella gerentes patriam desiderabant.

a) Obwohl die Soldaten sich viele Jahre nach der Heimat sehnten, führten sie Kriege.
b) Die Soldaten führten viele Jahre in der Heimat Kriege.
c) Weil die Soldaten viele Jahre Kriege führten, sehnten sie sich nach der Heimat.

5. Stelle sinnvolle Paare zusammen: (3 BE)
A) Orpheus B) Dädalus C) Europa
D) Proserpina E) Apollo F) Herkules

1. Latona 2. Pluto 3. Ikarus
4. Prometheus 5. Jupiter 6. Eurydike

Zweigeteilt · 79 lat. Wörter + 18 BE Ausgabe B: nach L 64 · Ausgabe C: nach L 58

14 PRÜFUNGEN

A Die Rückkehr der Proserpina

Weil sich Ceres, die Göttin der Fruchtbarkeit, wegen der Entführung ihrer Tochter Proserpina wütend in ihren Tempel zurückgezogen hatte, brachten die Äcker kein Getreide und keine Früchte mehr hervor.

1. Quia Ceres[1] agris non iam consulebat, hominibus frumentum deerat.

2. Itaque Iuppiter perniciem non solum hominum,

   sed etiam deorum providens nuntium iussit Cererem adire.

3. At eius animus flecti non poterat.

4. Porro[2] ira mota Ceres omnibus precibus restitit haec dicens:

5. „Quemadmodum Iuppiter antea curas meas neglexit,

   sic ego nunc eius preces neglego.

6. Deis hominibusque non parcam, priusquam filiam mihi reddiderit.“

Der Göttervater begriff, dass weiteres Unheil nur durch einen Kompromiss abgewendet werden konnte:

7. Denique Iuppiter et Cererem et Plutonem et Proserpinam iuvit.

8. Constituit enim hoc: „Proserpinae licet vere[3] ac aestate apud matrem vivere,

   sed autumno[4] ac hieme[5] eam ad maritum redire oportet.“

[1] Cerēs, Cereris *f* Ceres	[2] porrō *Adv.* weiterhin	[4] autumnus Herbst
	[3] vēr, vēris *n* Frühling	[5] hiems, hiemis *f* Winter

PRÜFUNGEN 14

Zusätzliche Aufgaben

1. Suche alle Partizipialformen heraus und nenne den dazugehörigen Infinitiv Präsens Aktiv: (4 BE)
potentis - legentis - ingentis - vetantis - interrogantis - fontis - montis - tangentis

2. Übersetze die folgenden Verben treffend. Orientiere dich dabei an den Objekten: (5 BE)
   a) e mercatore pretium quaerere
   b) deos consulere
   c) civibus providere
   d) militibus praeesse
   e) modo crudeli in cives consulere

3. PPA oder PPP? Ergänze jeweils das passende Partizip: (6 BE)
   a) Graeci Troianos (temptare) paene desperaverunt.
   b) Graeci multos Troianos (capere) interfecerunt.
   c) Quis Orpheum ad uxorem (respicere) reprehendet?
   d) Orpheus uxorem a Plutone (reddere) iterum amisit.

4. Setze die richtigen Namen ein: (3 BE)
Der Eingang zur Unterwelt wurde von einem dreiköpfigen Höllenhund, dem [?], bewacht, damit keiner von dort zurückkehren konnte. Dennoch gelang es zwei Gestalten des Mythos, die du in den letzten Lektionen kennengelernt hast, wieder aus der Unterwelt zurückzukehren. Sie hießen [?] und [?].

Der dreiköpfige Höllenhund.
Französische Buchmalerei aus dem 15. Jh.

Zweigeteilt · 87 lat. Wörter + 18 BE   Ausgabe B: nach L 65 · Ausgabe C: nach L 59   29

15 PRÜFUNGEN

A Wasser ist für alle da

Die Göttin Latona, die Mutter des Gottes Apollo und der Göttin Diana, kam der Sage nach kurz nach der Geburt ihrer beiden Kinder nach Lydien:

1. Aestate Latona cum liberis parvis in regionem Lydiae[1] venerat.

2. Aestu[2] ingenti laborans fluvium vel fontem quaerebat, cum lacum[3] aspexit.

3. Postquam homines ibi agros colentes salutavit,

   undas adire et aquam bibere voluit.

4. At viri deam bibere vetuerunt. Illa autem vetantes obsecravit:

5. „Num mihi liberisque meis perniciei esse vultis?

6. Cur nos ab aqua prohibetis?

7. Usus aquae communis est. Dei iusserunt aquam omnibus usui esse.

8. Nam aqua est donum a deis omnibus datum.

9. Tamen vos rogo: Venite mihi liberisque auxilio et praebete nobis aquam!"

[1] Lȳdia
   Lydien (Landschaft in der heutigen Türkei)

[2] aestus, aestūs
   Hitze

[3] lacus, lacūs
   See, Teich

Zweigeteilt · 81 lat. Wörter + 18 BE Ausgabe B: nach L 66 · Ausgabe C: nach L 60

PRÜFUNGEN 15

Zusätzliche Aufgaben

1. Setze das passende Verb richtig in der Perfektform ein: dare - venire (2 BE)

    a) Imperator Romanus militibus auxilio [?].
    b) Imperator Romanus fugam militibus
       crimini [?].

2. Wähle jeweils die richtige Übersetzung aus: (4 BE)

    (1) Equi militum in campum ducti sunt.
    a) Die Pferde der Soldaten wurden auf das
       Feld geführt.
    b) Die Soldaten hielten die Pferde auf dem
       Feld.
    c) Die Pferde wurden von den Soldaten auf
       das Feld geführt.

    (2) Milites Romani fortes ducti sunt.
    a) Die Soldaten wurden von den tapferen
       Römern geführt.
    b) Die römischen Soldaten wurden für tapfer
       gehalten.
    c) Die tapferen römischen Soldaten wurden
       gehalten.

3. Übersetze die folgenden englischen Verben,
indem du jeweils das lateinische Wort angibst,
von dem sie abgeleitet sind, z. B.: to move ~
bewegen (movere): (5 BE)
    a) to promise b) to press c) to invent
    d) to estimate e) to consult

4. Beachte den Kontext und übersetze jeweils nur
das farbig gedruckte Wort: (4 BE)
    a) Vita pericula!
    b) Vita donum deorum est.
    c) Volo per aerem.
    d) Oppidum relinquere volo.

5. Wer ist es? Ordne die Namen richtig zu: (3 BE)
Coriolan – Scipio – Brutus

    a) Mit seinem Namen ist der Beginn der
       römischen Republik verbunden.
    b) Vertrieben aus Rom führte er das Volsker-
       heer gegen seine Heimatstadt.
    c) Durch seinen Sieg wurde Rom zur vorherr-
       schenden Macht im Mittelmeerraum.

Zweigeteilt · 81 lat. Wörter + 18 BE Ausgabe B: nach L 66 · Ausgabe C: nach L 60

16 PRÜFUNGEN

Die Verwandlung der lykischen Bauern

Die Göttin Latona kam der Sage nach im Hochsommer mit ihren Kindern zu einem Teich, um Wasser zu trinken. Doch ...

1. Quamquam Latona ab agricolis[1] aquam petiverat,

   ii deam bibere non siverunt.

2. Immo eam verbis malis violantes pedibus manibusque lacum[2] turbabant.

3. Itaque dea ira mota dixit: „Vobis crimini do, quod vobis curae non fuimus.

4. Nam matrem vos obsecrantem non iuvistis, liberis auxilio non venistis.

5. Ego igitur, quam reppulistis, vobis perniciei ero!

6. Video vos in aqua vivere velle. Ergo id, quod vultis, efficiam.“

7. Vix Latona haec dixerat, cum viri acerbi in ranas[3] mutati sunt.

8. Iuvat eos esse sub undis, sed nunc quoque turpes linguas exercent;

   et, quamquam sunt sub aqua, sub aqua

   maledicere[4] temptant.

Giulio Carpioni: Die lykischen Bauern. Ausschnitt. 17. Jh. Dresden, Gemäldegalerie Alte Meister.

[1] agricola *m*
   Bauer

[2] lacus, lacūs
   See, Teich

[3] rāna
   Frosch

[4] maledīcere
   lästern, schmähen

Reine Übersetzung · 92 lat. Wörter   Ausgabe B: nach L 66 · Ausgabe C: nach L 60

PRÜFUNGEN 17

Narziss und Echo

1. Narcissus[1], iuvenis pulcher, animo superbo erat.

2. Quot iuvenes, quot puellae illum aspexerunt, tot amore capti sunt.

3. Sed nulli iuvenes, nullae puellae Narcissum se tantum amantem tetigerunt.

4. Ille enim neminem tam pulchrum quam se ipsum putans

   omnes amore suo indignos[2] existimavit.

5. In eadem regione etiam Echo vitam agebat.

6. Ea iuvenem aspexit et eodem amore quo omnes puellae capta est.

7. Statim vestigia Narcissi sequens[3] eum vocare voluit, sed non potuit.

Echo hatte nämlich einst mit ihrer Geschwätzigkeit die Göttin Juno erzürnt und war von dieser grausam bestraft worden: Sie konnte nur noch das wiederholen, was andere gesagt hatten.

8. Paulo post Narcissus se sonum audivisse putans dixit:

9. „Quis adest?", et „adest" respondit Echo.

10. Postquam ille oculos in omnes partes vertit, magna voce clamavit: „Veni!"

11. Vocavit ea vocantem eodem modo, tum spe completa illum appetivit.

12. At ille fugit et virginem desperatam eisdem verbis malis reppulit,

    quibus omnes antea reppulerat.

13. Ea autem in silvis latens corpus amittit nulloque in monte videtur –

    auditur autem ab omnibus. Nam sonus est, qui vivit in illa.

[1] Narcissus
Narziss

[2] indīgnus
m. Abl.
unwürdig
(einer Sache)

[3] sequēns,
sequentis
PPA folgend

Reine Übersetzung · 139 lat. Wörter   Ausgabe B: nach L 67 · Ausgabe C: nach L 61

18 PRÜFUNGEN

A Regulus, ein wahrer Römer

Im Ersten Punischen Krieg erlitten die Römer nach anfänglichen Siegen, bei denen sie viele karthagische Kriegsgefangene gemacht hatten, im Jahr 255 v. Chr. eine vernichtende Niederlage. Doch ...

1. Poeni agmini Romano insidias parantes multos Romanos interfecerunt
   et reliquias copiarum cum Regulo[1] imperatore comprehenderunt.

2. Hac victoria adducti a senatu Romano postulaverunt,
   ut captivi sibi redderentur.

3. Itaque Regulum Romam[2] miserunt, ut de permutatione[3] captivorum
   et de condicionibus pacis cum senatu ageret.

4. Regulum enim virum honestum ducentes non timebant,
   ne is milites suos desereret.

5. Regulus autem senatoribus persuasit, ut precibus hostium resisterent.

6. Tum ipse ad Poenos, ut eis promiserat, rediit,
   quamquam senatus eum orabat, ne rediret.

7. Bene quidem scivit periculum esse, ne ibi occideretur.

8. At ei persuasum erat imperatoris Romani esse
   fidem datam servare.

[1] Rēgulus
Atilius Regulus
(röm. Feldherr und Konsul)

[2] Rōmam
nach Rom

[3] permūtātiō, ōnis *f*
Austausch

34   Zweigeteilt · 93 lat. Wörter + 18 BE   Ausgabe B: nach L 70 · Ausgabe C: nach L 64

PRÜFUNGEN 18

Zusätzliche Aufgaben

1. Bilde zu den folgenden Indikativformen den entsprechenden Konjunktiv: (4 BE)
 a) obsecrabamini b) ducebant c) audiebas
 d) debebatis

2. Bilde: (4 BE)
 a) 3. Pers. Sg. Konj. Plusqpf. Pass. (occidere)
 b) 2. Pers. Sg. Konj. Plusqpf. Akt. (postulare)
 c) 3. Pers. Pl. Konj. Plusqpf. Pass. (expellere)
 d) 1. Pers. Pl. Konj. Plusqpf. Akt. (superesse)

3. Übersetze jeweils nur die Subjunktion: (4 BE)
 a) tacuissem, si
 b) orabant, ut
 c) postulavit, ne
 d) dicerem, nisi

4. Gib die folgenden Ausdrücke jeweils mit einem deutschen Verb wieder (z. B. gratias agere „danken"): (3 BE)
 a) auxilio venire
 b) usui esse
 c) crimini dare

5. Ergänze den folgenden Lückentext sinnvoll: (3 BE)
Die Patrizier verpflichteten sich als Patrone, die Plebejer als ihre [?] zu schützen und zu unterstützen. Die Auseinandersetzungen zwischen den Plebejern und Patriziern während der frühen Republik werden als [?] bezeichnet. Am Ende dieser Auseinandersetzungen setzten die Plebejer eine schriftliche Fixierung des Rechts durch, das [?].

Die Hinrichtung des Regulus.
Flämische Buchmalerei aus dem 15. Jh. Paris, Bibliothèque Nationale de France.

19 PRÜFUNGEN

A Letzter Versuch

Als Jupiter von den vielen Schandtaten der Menschen erfährt, begibt er sich zusammen mit Merkur vom Olymp auf die Erde herab. Dort muss er erkennen, dass alles noch schlimmer ist, als er gehört hat. Als schließlich König Lykaon von Arkadien hinterhältig versucht, Jupiter auf die Probe zu stellen, und ihm Menschenfleisch als Speise vorsetzt, verwandelt ihn Jupiter zur Strafe in einen Wolf. Wutentbrannt kehrt Jupiter auf den Olymp zurück und ruft die Götter zusammen.

1. Iuppiter: „Me omne genus mortale perdere oportet.

2. Primo fulmina in omnes terras mittere in animo habueram.

3. Sed timui, ne ignis etiam caelum deleret.

4. Ideo consilium cepi mundum aquis delere.

5. Hoc consilium numquam cepissem,

   nisi mores tam feroces omnes homines invasissent:

6. Sunt avidi pecuniae, gaudent miseria aliorum, contemnunt leges ac deos.

7. Iuro cuncta a me temptata esse, at denique de moribus hominum

   propter insidias Lycaonis[1] desperavi.

8. Tamen ad terram iterum descendam,

   priusquam homines nefarii poenam solvunt.

9. Si unum tantum virum bonum invenero,

   eum a pernicie ceterorum liberabo."

[1] Lycāōn, Lycāonis *m*
Lykaon (ein grausamer König, der Jupiter Menschenfleisch zum Mahl vorsetzen wollte)

PRÜFUNGEN 19

Zusätzliche Aufgaben

1. Bilde zu den folgenden Indikativformen den entsprechenden Konjunktiv: (4 BE)
   a) invadebam
   b) admonuerant
   c) contemptus eras
   d) affirmabatur

2. Gib das jeweilige Korrelativum an: (2 BE)
   a) tot
   b) tantus
   c) tam
   d) idem

3. Übersetze: (5 BE)
   a) Ensis militis est.
   b) Consulis est adversariis rei publicae resistere.

4. Gib die lateinischen Wörter an, die den folgenden englischen Wörtern zugrunde liegen, und übersetze diese: (4 BE)
   a) quiet
   b) desire
   c) misery
   d) remain

5. Steckbrief. Gib an, wer jeweils gemeint ist: (3 BE)
   a) Griech. Mathematiker und Ingenieur, um 287–212 v. Chr.
   b) Tocher des Königs Minos
   c) Halb stier-, halb menschengestaltiges Ungeheuer

Die Verwandlung des Lykaon.
Französischer Kupferstich. 1731.

Zweigeteilt · 86 lat. Wörter + 18 BE   Ausgabe B: nach L 71 · Ausgabe C: –

20 PRÜFUNGEN

Philemon und Baucis

Jupiter ist zusammen mit Merkur auf der Erde unterwegs, um zu prüfen, ob es Menschen gibt, die würdig sind, die von ihm als Strafe verhängte Große Flut zu überleben.

1. Iam multas domos dei adierant petentes, ut sibi cibus cubiculumque praeberentur, at preces eorum semper recusatae erant.

2. Tandem senex magnae modestiae, qui cum uxore in tecto parvo habitabat, eos invitavit et bene curavit.

3. Ideo dei magna laetitia completi coniuges[1] admonuerunt, ut tectum relinquerent et summum montem, qui prope[2] erat, ascenderent.

4. Philemon et Baucis – haec erant nomina senis et uxoris – deis paruerunt.

5. Cum autem in itinere oculos flecterent, omnia sub undis esse videntes mortem ceterorum hominum flebant.

6. Eorum tantum tectum in templum aureum versum supererat.

7. Tum Iuppiter dixit: „Si eodem modo quo ceteri mortales preces nostras contempsissetis, etiam vos tectumque vestrum delevissem.

8. Sed ego vos iuvabo, quod nobis adfuistis. Dicite vota[3] vestra."

9. Tum coniuges rogaverunt, ut sibi sacerdotes templi novi esse et eodem tempore de vita cedere liceret.

Gnädig erfüllte Jupiter beide Wünsche.

[1] coniugēs *Pl.* Eheleute
[2] prope *Adv.* in der Nähe
[3] vōtum der Wunsch

38   Reine Übersetzung · 127 lat. Wörter   Ausgabe B: nach L 71 · Ausgabe C: –

PRÜFUNGEN 21

Brief an Kaiser Trajan

C. Plinius Secundus, der Statthalter der Provinz Bithynien, wendet sich in einem Brief
an Kaiser Trajan (98–117 n. Chr.). Darin fragt er den Kaiser, wie er mit anonymen Anzeigen
gegen Christen in seiner Provinz umgehen soll.

1. Tu, domine, auxilio deorum gloriam imperii antiquam restituisti.

2. At mea in provincia cives quidam cultum deorum neglegunt.

3. Ergo cura imperii impulsus te rogo:

   Nonne necesse est in Christianos istos vi animadvertere?

4. Adhuc eos, qui occulte ad me tamquam Christiani indicabantur, protinus dimisi,

   ubi primum se Christianos esse negaverunt atque deis nostris sacra fecerunt.

5. Alii quoque, quamquam se Christianos esse dixerunt, tamen dimissi sunt,

   cum eadem sacra fecissent.

6. Postquam duas servas torqueri[1] iussi, nihil aliud inveni quam superstitionem[2] miram.

7. Itaque te in ea re consilium mihi dare necesse est.

Der Kaiser antwortet Plinius folgendermaßen:

8. Depone metum, mi[3] Secunde!

9. Omnia, quae a te gesta sunt, probo. Summam gratiam tibi tribuo.

10. Nisi indicati erunt, animadvertere in istos non debebis.

11. Si indicati erunt, istos dimittes, ubi primum deis nostris sacra fecerunt.

[1] torquēre
  hier: foltern
[2] superstitiō, ōnis *f*
  der Aberglaube
[3] mī *Vok.*
  mein

Reine Übersetzung · 122 lat. Wörter   Ausgabe B: nach L 74 · Ausgabe C: nach L 67

22 PRÜFUNGEN

A Kaiser Vespasian

Kaiser Nero hatte die Staatsfinanzen völlig zerrüttet. Sein Nachfolger Vespasian war sehr erfinderisch im Erschließen neuer Geldquellen. Er hatte sogar auf den menschlichen Urin, der von den Gerbern für die Lederherstellung benötigt wurde, eine Steuer erhoben.

1. Titus filius Vespasianum Caesarem reprehendebat,

   quod rei publicae pecuniam ex urina[1] paraverat.

2. Itaque Vespasianus ab illo quaesivit: „Num laederis odore[2] pecuniae?"

3. Cum ille negavisset, pater confirmavit: „Tamen ea pecunia ex urina est."

4. Cum civitates quaedam eidem statuam ponere in animo haberent,

   ipse ostendit nuntiis istarum civitatum manum et dixit: „Hic illam ponite!"

5. Ac ne in mortis quidem periculo Vespasianus desiit iocos[3] agere:

6. Nam sibi finem vitae adesse animadvertens dixit:

7. „Puto me in deum converti."

8. Cum tandem hora mortis adesset,

   non recubuit[4] existimans Caesarem stantem subire mortem oportere.

9. Dumque surgit, inter manus sublevantium[5] de vita cessit.

[1] ūrīna Urin	[4] recumbere, recumbō, recubuī sich hinlegen
[2] odor, ōris *m* Geruch	[5] sublevāre stützen
[3] iocus Scherz	

Zweigeteilt · 95 lat. Wörter + 18 BE   Ausgabe B: nach L 74 · Ausgabe C: nach L 67

PRÜFUNGEN 22

Zusätzliche Aufgaben

1. Bilde die folgenden Formen von quidam: (4 BE)
   a) Gen. Sg. *f*
   b) Akk. Sg. *m*
   c) Gen. Pl. *n*
   d) Nom. Pl. *f*

2. Gib an, ob jeweils ein Genitivus subiectivus, Genitivus obiectivus oder beides vorliegt, und übersetze: (6 BE)
   a) metus mortis
   b) amor patris
   c) timor liberorum
   d) finis vitae

3. Wie oder wann sagte es Kaiser Vespasian? Übersetze jeweils nur das Prädikativum: (4 BE)
   Imperator Vespasianus ... dixit pecuniam rei publicae deesse.
   a) primus   c) iuvenis
   b) senex   d) unus

4. Gib jeweils zwei lateinische Subjunktionen an, die die folgenden Adverbialsätze einleiten können: (4 BE)
   a) Kausalsatz   c) Konzessivsatz
   b) Temporalsatz   d) Konditionalsatz

Marmorbüste des Kaisers Vespasian (reg. 69-79 n. Chr.). Rom, Museo della Civiltà Romana.

Zweigeteilt · 95 lat. Wörter + 18 BE   Ausgabe B: nach L 74 · Ausgabe C: nach L 67

23 PRÜFUNGEN

A Kaiser Nero

1. Vespasianus Caesar eodem loco, quo antea domus Neronis fuerat,
   amphitheatrum, quod nos Colosseum appellamus, aedificari iussit.
2. Illa domus tanta magnitudine fuerat, ut multas regiones urbis occuparet.
3. Has regiones Nero post ignem, qui totam paene Romam deleverat,
   sibi vindicaverat.
4. Auctores ignis Christianos fuisse affirmans istos foedo modo puniverat.
5. Cum iam antea apparuisset Neronem acerbum esse,
   clades Christianorum omnibus civibus timorem iniecit.
6. Sic idem, qui iuvenis ab omnibus laudatus erat,
   mox quibusdam senatoribus tanto odio erat, ut eum necare vellent.
7. At Nero – ingenti quodam timore senatorum motus – se cum servo
   in cubiculo inclusit et servum se necare iussit.

Zweigeteilt · 96 lat. Wörter + 18 BE   Ausgabe B: nach L 75 · Ausgabe C: –

PRÜFUNGEN 23

Zusätzliche Aufgaben

1. Bilde die folgenden Formen von iste und quidam: (5 BE)
   a) Dat. Sg. *f*   d) Gen. Sg. *m*
   b) Akk Sg. *n*   e) Akk. Pl. *n*
   c) Nom. Pl. *m*

2. Gib jeweils die Sinnrichtungen der folgenden Sätze an: (4 BE)

   konsekutiv – kausal – adversativ – final

   a) Tantus erat timor, ut omnes fugerent.
   b) Omnes fugerunt, ne perirent.
   c) Cum pater occisus esset, omnes tristes erant.
   d) Cum pater mihi odio esset, matrem amabam.

3. Gib an, ob es sich jeweils um einen Genitiv subiectivus oder obiectivus handelt und übersetze: (6 BE)
   a) Spes victoriae magna est.
   b) Crimina militum crudelia erant.
   c) Metus mortis omnes homines invasit.

4. Ordne jeweils richtig zu: (3 BE)
   a) issetis   1. Demonstrativpronomen
   b) iussis   2. Partizip
   c) istis   3. Konjunktiv

Peter Ustinov als Kaiser Nero in dem Spielfilm „Quo vadis?". USA 1951.

Zweigeteilt · 96 lat. Wörter + 18 BE   Ausgabe B: nach L 75 · Ausgabe C: –

24 PRÜFUNGEN

A Sieg auf der ganzen Linie

Zu Beginn des 4. Jh.s n. Chr. teilten sich vier Kaiser die Macht, wobei zwei über den Osten, zwei über den Westen des Reiches herrschten. Im Westen waren das Konstantin und Maxentius. Während Konstantin in Trier residierte und dort das Reich gegen Einfälle feindlicher Germanen sicherte, residierte Maxentius in Rom. Beide wollten allerdings alleiniger Herrscher über den Westteil des Reiches werden. Als schließlich das Gerücht die Runde macht, Maxentius habe in Rom eine Schreckensherrschaft errichtet, sieht Konstantin seine Stunde gekommen ...

1. Constantinus, ubi primum caput imperii a Maxentio opprimi comperit,

   pace cum Germanis facta Romam[1] properavit, ut Maxentium temptaret.

2. Ea re nuntiata Maxentius moenia tuta urbis reliquit

   et proelium cum Constantino iniit.

3. Clade[2] accepta fugit sperans se hostem sibi instantem insidiis interficere posse.

4. Eam spem Maxentium fefellisse constat. Neque enim Constantinus,

   sed ipse copiis ad pontem Milvium[3] collocatis vitam amisit.

5. Paulo post Constantinus nullo resistente urbem intravit,

   ubi bello confecto ab omnibus magna laetitia salutabatur.

6. Omnibus comitibus convocatis, orationibus habitis, factis Constantini laudatis

   senatus populusque Constantino basilicam a Maxentio inceptam sacraverunt[4].

[1] Rōmam
nach Rom

[2] clādēs, clādis *f*
Niederlage

[3] vgl. Abb. auf S. 45

[4] sacrāre
weihen

Zweigeteilt · 90 lat. Wörter + 18 BE   Ausgabe B: nach L 79 · Ausgabe C: nach L 70

PRÜFUNGEN 24

Zusätzliche Aufgaben

1. Vervollständige jeweils den Ablativus absolutus und übersetze: (6 BE)
   a) vere (inire)
   b) sole (occidere)
   c) consilio (capere)
   d) iniuria (accipere)

2. Übersetze den folgenden Satz mit a) Adverbialsatz, b) Präpositionalausdruck und c) Beiordnung: (6 BE)
   Hostibus victis urbs (tamen) tuta non erat.

3. Übersetze: (3 BE)
   a) Maxentio auctore
   b) matre invita
   c) patre vivo

4. Zeige an drei Beispielen auf, wie Konstantin das Christentum unterstützte. (3 BE)

Die Milvische Brücke (pons Milvius) vor den Toren Roms.

Zweigeteilt · 90 lat. Wörter + 18 BE   Ausgabe B: nach L 79 · Ausgabe C: nach L 70

25 PRÜFUNGEN

A Mit oder gegen Rom?

Der Germane Arminius, der als Offizier im römischen Heer gedient hatte, und seine Frau Thusnelda haben eine andere Meinung über die Römer als Segestes, der Schwiegervater des Arminius.

1. Arminius: „Non dubito, Segestes, quin Romani toti orbi imperare velint.

2. Proinde oportet nos eos prohibere, ne patriae nostrae pacem dent.

3. Nam omnes nationes, quibus Romani pacem dederunt, libertate carent.

4. Hoc demonstrare difficile non est: Specta Gallos!

5. Cum antea vita eorum libera fuerit, nunc servitute opprimuntur.

6. Itaque te rogo: Utrum servitutem an libertatem amas?"

7. Thusnelda: „Equidem, pater, te oro, ut animum tuum mutes

   et cum coniuge meo a Romanis deficias. Num posteros tuos servos esse vis?"

8. Segestes: „Tace, filia! Nescis enim, quod dicis.

9. Si maritus tuus rem Gallorum recte iudicavisset[1], hoc comprehendisset:

10. Antea Galli bella inter se usque gesserunt.

11. Hodie et multa aedificia utilia, quae artem Romanorum demonstrant,

    et pacis commoda obtinent: civitatem, securitatem[2], humanitatem!"

Arminius ließ sich nicht von Segestes überzeugen und plante einen Überfall auf den römischen General Varus. Dieser verlief erfolgreich für die Germanen und führte letztlich dazu, dass die Römer ihre Anstrengungen, weiter nach Germanien vorzudringen, einstellten.

[1] iūdicāre beurteilen
[2] secūritās, ātis f Sicherheit

Zweigeteilt · 114 lat. Wörter + 18 BE   Ausgabe B: nach L 82 · Ausgabe C: nach L 73

PRÜFUNGEN 25

Zusätzliche Aufgaben

1. Bilde die angegebenen Konjunktivformen: (4 BE)
   a) locare: 1. Pers. Sg. Konj. Präs. Aktiv
   b) abesse: 3. Pers. Pl. Konj. Perf. Aktiv
   c) exstinguere: 3. Pers. Sg. Konj. Perf. Aktiv
   d) prodere: 2. Pers. Pl. Konj. Perf. Passiv

2. Gib an, welche Antwort jeweils vom Fragesteller erwartet wird. (3 BE)
   a) nonne
   b) num
   c) -ne

3. Übersetze jeweils nur das Verb mit der in der Wendung zutreffenden Bedeutung: (4 BE)
   a) officium praestare
   b) amicis virtute praestare
   c) moenia locare
   d) domum locare

4. Wie heißen die folgenden Städte heute? (4 BE)
   a) Mogontiacum
   b) Augusta Treverorum
   c) Augusta Vindelicorum
   d) Castra Regina

5. Übersetze die folgenden italienischen Wörter. Gib dabei jeweils das lateinische Wort an, von dem sie sich ableiten. (3 BE)
   a) lungo
   b) utile
   c) pace

Das Hermannsdenkmal bei Detmold im Teutoburger Wald. Erbaut im 19. Jh. zur Erinnerung an den Cheruskerfürsten Arminius (Hermann).

Zweigeteilt · 114 lat. Wörter + 18 BE   Ausgabe B: nach L 82 · Ausgabe C: nach L 73

BILDNACHWEIS

tiff.any GmbH / Heimo Brandt, Berlin	**Umschlagbild**
Scala, Florenz	7
tiff.any GmbH / Heimo Brandt, Berlin	9
Bildarchiv Preußischer Kulturbesitz / Scala, Florenz	11
Scala, Florenz	13
akg-images / Andrea Baguzzi	15
Bildarchiv Preußischer Kulturbesitz / Scala, Florenz	21
Bridgeman Art Library	25
dpa picture-alliance / imagestate / HIP / ArtMedia	29
Bildarchiv Preußischer Kulturbesitz / Staatliche Kunstsammlungen Dresden / Hans-Peter Kluft	32
Bibliothèque Nationale de France, Paris	35
Bridgeman Art Library / The Stapleton Collection	37
akg-images / Bildarchiv Steffens	41
cinetext, Frankfurt am Main	43
akg-images / Pirozzi	45
dpa picture-alliance / Antje Fleig / Sven Simon	47